Zum Inhalt

Das Buch wurde in fünf Abschnitte unterteilt:

I – Kurz-Geschichten mit „Happy End"
Geschichten, die Erinnerungen wecken und zum Nachdenken anregen sollen.

II – Kurz-Geschichten mit Sprichwörtern
Hier wird eine Geschichte, gespickt mit lauter Sprichwörtern und Redewendungen, erzählt. Nur der erste Teil der Redewendung wird vorgelesen, man macht eine kleine Pause und schaut wartend in die Runde. Sogleich werden die Herrschaften die Sätze vollenden. Sprichwörter, geflügelte Worte und Redewendungen werden seit Kindheitstagen gehört und ausgesprochen. Sie sind tief in unserem Langzeitgedächtnis abgespeichert und können noch lange erinnert werden.

III – Mitmach-Geschichten mit Bewegung
Diese Geschichten zählen verschiedene Körperteile auf. Kommt z.B. der „Arm" im Satz vor, so hält der Leser kurz inne und die Zuhörer zeigen auf ihren Arm bzw. heben ihn in die Luft. So zeigen sie auch auf das Auge, den Kopf, etc.

Kommt das Bein oder der Fuß an die Reihe, werden sie kurz angehoben.

IV – Was bin ich? Das Ratekarussell
Hier werden Hinweise zu einem gesuchten Begriff vorgelesen, die immer deutlicher werden. Nach jedem Hinweis schaut man in die Runde und lässt die Senioren einen Tipp abgeben. Spätestens der letzte Hinweis ist so eindeutig, dass der Begriff stets erraten wird.

V – Lustige Limericks für Zwischendurch
Diese kleinen, unterhaltsamen Lückenfüller sind stets sehr beliebt und kurzweilig.

Bibliografische Information der Deutschen Nationalbibliothek: Die Deutsche Nationalbibliothek verzeichnet diese Publikation in der Deutschen Nationalbibliografie; detaillierte bibliografische Daten sind im Internet über http://dnb.dnb.de abrufbar.

1. Auflage
© 2019 Michael Cammarota
Herstellung und Verlag:
BoD - Books on Demand, Norderstedt
ISBN 9783748181323

I - Kurz-Geschichten mit „Happy End"

II - Kurz-Geschichten mit Sprichwörtern

III - Mitmach-Geschichten mit Bewegung

IV - Das Ratekarussell

V - Lustige Limericks

Das Planschbecken

Mein Name ist Wilhelm und ich bin der Opa von Max und Johanna. Heute Nachmittag bringt mir meine Tochter die beiden Racker, damit ich ein paar Stunden auf sie aufpassen kann. So lange habe ich die kleinen Mäuse schon nicht mehr gesehen. Aber wir telefonieren fast täglich.

Der Wetterbericht hat 30 Grad für heute angesagt und ich habe mir für die Beiden eine schöne Überraschung ausgedacht. Ich habe ein kleines Planschbecken vom Baumarkt mitgebracht, bereits aufgepumpt und mit Wasser gefüllt. Seit heute Morgen scheint nun die Sonne auf das Becken und heizt es schön auf...

Ich kann mir jetzt schon das Gejauchze und Gekreische vorstellen, wenn die beiden Enkel im Wasser rumtoben. Da, es klingelt an der Türe. Das kann nur meine Tochter Elke sein. Rasch öffne ich die Türe und meine zwei Enkel springen mich an: „Opa, Opa!"

„Sie konnten es kaum erwarten, endlich anzukommen," sagt meine Tochter. „Johanna und Max - schaut mal was ich hier habe. Kommt mal mit in den Garten!", rief ich beiden zu und öffnete die Terassentür.

„Oooooh, Opa, ein Planschbecken. So groß und so bunt - suuupi!", rief Johanna mit Riesenaugen. „Mama, Mama, hast Du das gesehen?", rief auch Max ganz aufgeregt. Doch plötzlich ließ Johanna den Kopf hängen und sagte ganz traurig: „Aber wir haben ja gar keine Badesachen mit, oh nein!" Da kannten sie mich aber schlecht! Denn wohlweislich habe ich bereits vorher meine Tochter angerufen und sie gebeten, Badesachen für beide einzupacken und im Auto zu verstecken.

Na und die Überraschung, ja, die war mir gelungen! Die Kinder waren überglücklich und sprangen laut kreischend - wie verrückte Hühner - durch den Garten! Sie plantschten bis abends und es wurde für sie ein unvergessener Nachmittag.

Auf dem Weihnachtsmarkt

Wie gerne erinnere ich mich an meine Kindheit zurück! Jedes Jahr ging ich mit meinem Opi zum Weihnachtsmarkt! Ich konnte die ganze Woche vorher nicht mehr schlafen, so aufgeregt war ich.

Schon von weitem konnte man den süßen Geruch der gebrannten Mandeln riechen und die Weihnachtsmusik zog durch die Gassen und Wege. Alles war weiß! Schnee lag auf den Bäumen und Dächern und bei jedem Schritt knirschte es so unverwechselbar unter den Schuhsohlen. Es erklangen leise Glöckchen und ein Chor sang: „Stille Nacht, heilige Nacht".

Als wir dann den Markt betraten, gingen wir an den bunt beleuchteten und mit Sternen und Kerzen bemalten Häuschen vorbei und ich konnte mich gar nicht satt sehen an den Auslagen. An einem Stand waren jede Menge Pfefferkuchen, Spekulatius und Dominosteine, Zuckerstangen und Kokosmakronen zu riesengroßen Bergen aufgetürmt.

Am nächsten Stand gab es Spielzeug. In den Regalen standen Schaukelpferde, Puppen, Puppenhäuser, Teddybären, Autos und Zinnsoldaten. Alles, was das Kinderherz begehrte. Glühwein stieg mir in die Nase und ich musste sofort niesen. „Haaatsch-schiiiii!!"
Opa lachte und nahm mich wieder an die Hand. Der Markt war voll und die Leute drängelten an die Buden, weil sie alle was sehen wollten. Opa hatte Sorge, mich zu verlieren. „Bleib` bei mir!", sagte er kurz und nickte mir zu: „Wenn wir uns verlieren, kommst Du hier zu dem Stand mit den Lebkuchenmännern!"

Wir zogen weiter. Ich war in einer anderen Welt. Mit offenem Mund blieb ich bei einem Glasbläser stehen, der Glaskugeln für den Weihnachtsbaum fertigte. Als die Kugeln kalt waren, wurden sie von einer Dame mit den schönsten Weihnachtsmotiven bemalt.

Eine Kirche mitten im Wald. Ein blühender Mistelzweig. Zwei Glocken mit einer roten Schleife. Oh nein! Wo war denn

Großvater jetzt. Neben mir stand ein fremder Mann und ich sah meinen Opi nicht mehr. Warum habe ich auch seine Hand losgelassen. Ich rief laut: „Opaaaaa, Opaaaaa!!! Wo bist Du?" Eine Dame beugte sich zu mir runter und fragte: „Na, Kleener! Allet juut?" Ich konnte gar nichts mehr sagen und sah nur Menschen über Menschen vor mir und kein Opa weit und breit. Ich lief durch die Menschenmenge und meine Augen füllten sich mit Tränen.

Plötzlich sah ich den Lebkuchenmann-Stand und meinen Großvater, der davor stand und besorgt die Gegend absuchte. „Hallo Opa, hier bin ich!", rief ich eilig und lief ihm direkt in die Arme. „Dass ich Dich wiederhabe", brummte Großvater und drückte mich in seine Arme. „Jetzt bleibst Du aber immer an meiner Hand! Versprochen?" – „Versprochen! Du bist der liebste Opi der Welt!" Er war so froh, mich wieder gefunden zu haben, dass er mir einen grooooßen Lebkuchenmann kaufte, den ich meine gesamte Kindheit nicht anrührte. Immer, wenn ich ihn ansah, erinnerte er mich an die tiefe Verbundenheit zu meinem Großvater und an die schöne Weihnachtszeit.

In der Gärtnerei

Letzte Woche Dienstag bin ich mit meinem Sohn zur Gärtnerei Grevens gefahren. Schon längere Zeit habe ich ihn um eine freie Stunde gebeten. Ich brauchte viele neue Blumen für meinen Garten. Es war bereits Ende April und der sonnige Mai stand vor der Tür. Und nach diesem langen, kalten und düsteren Winter wurde es mal wieder Zeit für neue Blumen! Bunte Blumen sind für mich das Schönste!

„Warte Mutter", rief mir mein Sohn zu, „ich hole Dir einen Wagen!" Matthias sprang aus dem Auto und löste mit einer Münze einen Einkaufswagen aus der Vorrichtung. Zusammen betraten wir die Gärtnerei. Ich dirigierte den Wagen durch die automatischen Glastüren und schon standen wir in einem herrlichen Blütenmeer! Hunderte, nein Tausende bunter, hübscher Blumen! Stiefmütterchen, Männertreu, Primeln, Löwenmäulchen, Husarenknöpfchen und noch viele, viele mehr. Mein Herz machte einen Sprung und ich schloss kurz die Augen, um sie alle zu erschnuppern! Es roch nach Frühling und Sommer! Einfach herrlich!

Ich zeigte immer auf die Blumen und mein Sohn hob sie hoch und stellte sie in den Einkaufswagen. „Diese, ja diese! Und die noch - die weißen Margeriten brauche ich auch unbedingt noch. Ja, genau diese dort!"

Der Wagen wurde voll und voller. Ich konnte kaum noch sehen, wo ich hinsteuerte. Matthias, mein Sohn, füllte mir den gesamten Frühling in meinen Einkaufswagen!

Rumms - da passierte es! Ich fuhr mit dem Wagen voll gegen irgendein Hindernis! Ich blinzelte durch das Margeriten-Stämmchen und sah, wie mich zwei andere Augenpaare, ebenfalls hinter einem vollbeladenen Wagen, beglotzten. „Also hören Sie mal, können Sie nicht aufpassen?", tönte es auch schon aus mir heraus. Natürlich war ich mir keiner Schuld bewusst! Der andere ist in mich reingefahren und nicht umgekehrt. Plötzlich sah ich eine rote Bluse und eine weiße Hose, die aus dem ganzen Urwald herausstapften. „Helene? Bist Du das?" Die Stimme kannte ich doch. Oh nein, das durfte doch nicht wahr sein: Das war meine Nachbarin, Frau Holstein, die ebenfalls mit ihrem Sohn unterwegs war und sich den Wagen über und über voll mit Frühblühern geladen hatte. Beide umarmten wir uns und lachten! „So ein Zufall", jubilierte ich, „Du hattest also dieselbe Idee?"

Unsere Söhne standen nur so da, schüttelten den Kopf, grinsten und sahen sich verdutzt an.

Ostereier im Hochsommer

Karfreitag war ich bereits wieder voll im Osterstress. Für Sonntag hatte sich meine Tochter Karin mit den zwei Enkeln angesagt. Die süßen Kleinen wollten hinten im Garten Ostereier suchen. Also musste mein Alfred heute nach meinen Anweisungen gefärbte Ostereier, Schokoladen-Eier und auch kleine Geschenke im Garten verstecken. Mein Mann kann sich einfach besser bücken als ich. Ich komme nicht mehr so runter. Gestern bereits haben wir im Akkord 30 Hühnereier gekocht und eingefärbt. Und ich kann heute schon die leuchtenden Augen meiner Enkel sehen, wenn die wieder was im Garten entdeckt haben. Bewaffnet mit drei Körbchen zogen wir zwei los.

„Hier Alfred, hinter dem Rosengitter - drei Eier und ein kleines Spielzeug-Auto!" Ich zeigte in Richtung Rosen. „Da, natürlich hinter dem Gartenhäuschen! 5 Schokoladeneier!" Man kann ja nur hoffen, dass alles schön trocken bleibt und die Kinder nicht im Regenmatsch nach den schönen Dingen suchen müssen. „Alfred, hier! Hier zwischen den Hortensien, hier haben sie es schwer!", grinste ich.

So verging eine ganze Stunde, bis wir endlich alles im Garten versteckt hatten. Zufrieden gingen wir ins Haus und gönnten uns ein Stück Apfelkuchen und eine Tasse Kaffee.

Der Sonntag kam. Die ganze Familie saß auf der Terrasse, aß Kuchen und trank Kaffee. Für die Kinder hatte ich eine große Kanne heißen Kakao, den liebten sie so. Nun wibbelten die Kleinen schon auf ihren Stühlen, weil sie es nicht mehr abwarten konnten, die Osterüberraschungen zu finden. „Nur zu, dann macht Euch mal auf die Socken", rief ich meinen Enkeln zu. Opi gab jedem noch ein geflochtenes Körbchen in die Hand und beide stürmten sodann auf die riesige Wiese, um hinter jedem Büschel, hinter jeder Mauer und hinter jedem Baum nachzusehen, ob sich hier nicht eine Süßigkeit oder ein Spielzeug versteckte.

Die Kinder waren unheimlich aufgedreht und sprangen wie junge Kaninchen über die Wiese. Es war so herrlich, die zwei so ausgelassen zu sehen. Irgendwann hatten sie alle Eier gefunden und wir gingen ins Haus, um noch ein wenig fernzusehen.

Ostern verging und irgendwann kam der Sommer! Und was für ein Sommer! Ein richtiger Bilderbuch-Sommer. Es war sehr heiß und Alfred, mein Mann, goss gerade die Blumen mit dem Schlauch. Barfuß, wie immer! Ich fegte derweil die Terrasse. Plötzlich gab es einen Schrei und ich lief sofort zu meinem Mann rüber. Das müssen sie sich mal vorstellen: Alfred war in ein ganzes Nest Schokoladen-Eier getreten und ist nach hinten weggerutscht. Mitten in die Tomatensträucher! Ich musste mir das Lachen echt verkneifen - aber das sah zum Schießen aus!!! Gott sei Dank hatte er sich nichts getan. Der Schrecken war größer.

„Oh Alfred, im nächsten Jahr machen wir uns aber einen Plan, wo wir die Eier verstecken!" – „Da hast Du Recht, Maria",

mein Mann guckte bedröppelt und ent-
fernte die matschige Schokolade von seinen Fußsohlen!

Einkochen mit Oma

Jedes Jahr zur Erntezeit war es mal wieder so weit: Alle Enkel trafen sich bei Oma Elfriede, um ihr bei der Ernte im Garten zu helfen. Opa Karl stand bereits auf der Leiter, als die vier zum Gartentörchen reinkamen. „Hallo Opa! Wo ist die Oma denn?", rief Jan. Opa zeigte auf die Haustüre des kleinen Bergmann-Häuschens: „Die ist in der Küche – Ihr seid ja spät dran!" „Ach Opi - wir haben doch Ferien, da wollen wir doch auch mal ein bisschen ausschlafen!", Heike setzte ihren Dackelblick auf und Opa musste nur noch schmunzeln.

Jan und Maik blieben bei Opa, Heike und Sabine gingen ins Haus, um Oma in der Küche zu helfen. „Dann kommt mal, Jungs", rief Opa und winkte ihnen zu. „Jan hilft mir Zwiebeln auszumachen und Maik kann dann weiter die Pflaumen vom Baum pflücken! Aber vorsichtig auf der Leiter! Ich möchte keine Unfälle!", ergänzte Opa Karl. Heike und Sabine begrüßten Oma stürmisch. Sie umarmten sie herzlich. „Hallo Omi, was steht denn heute an?" - „Ach, das ist ja schön Kinder, dass Ihr mir helfen wollt! Ich wollte heute jede Menge einkochen. Hier habe ich bereits Gurken und Birnen in Einmachgläser gefüllt. Dann kann ich gleich den großen Einmachtopf aufheizen. Doch halt, bevor ich es vergesse - schaut Euch das hier mal an. Opa Karl hat gestern bereits mehrere Körbe Bohnen gepflückt! Die müssen heute noch alle eingemacht werden. Aber vorher müssen wir die noch fitschen!" „Wie war das Oma, was müssen wir mit den Bohnen machen?" Die Kinder sahen sich ratlos an und zuckten mit den Schultern. „Wir müssen die Bohnen noch einmachen!", wiederholte Oma. „Nein, ich meine davor", sagte Heike, „was müssen wir davor noch mit ihnen machen? Wir müssen sie *flitschen*?" - „Quatsch", fiel Sabine ihr ins Wort, „Oma meinte *fritschen*!" Oma lachte und Ihr runder Bauch wippte hoch und runter. „Kinder, die Bohnen werden **gefitscht**! Fitschen, fitschen, fitschen! Nach dem Waschen kommt jede einzelne Stangenbohne in einen kleinen Häcksler, den ich hier bereits am Küchentisch angeschraubt habe. Dann wird sie seitlich mit der Kurbel durchgedreht und dabei, wie mit einem Gurkenhobel, in viele kleine Rauten geschnibbelt oder wie man auch so schön sagt: gefitscht! Denn nur dann kann ich im Winter meine berühmte Schnibbels-Bohnensuppe machen, die Ihr doch so liebt!"

„Da haben wir wieder was gelernt", sagte Heike und Sabine fügte hinzu: „Ja, Oma und ich freue mich besonders auf Deine leckere Bohnensuppe mit Kartoffeln und Speck! So herrlich deftig!" „Ich fange an mit dem Fitschen!", sagte Heike und setzte sich an den Küchentisch. Sie kurbelte schon mal los und Sabine gab eine Stangenbohne nach der anderen in den Schnibbler!
Sie konnte es kaum abwarten bis endlich getauscht wurde und Sabine die Kurbel bedienen durfte. So verbrachten sie einen schönen Tag bei den Großeltern, der viel Arbeit, aber auch soooo viel Spaß machte!

Ein Besuch im Zoo

Samstag sind wir mit der ganzen Familie in den Zoo gefahren! Mit dabei waren mein Mann Alfred, unsere Kinder Dana und Volker und die beiden Enkel Larissa und Bob. Die zwei freuten sich riesig, endlich mal wieder was mit Oma und Opa zu unternehmen. Dana und ich schmierten Brote, packten Äpfel und Bananen und kleine Wasserflaschen in die zwei Rucksäcke, die die beiden Männer tragen durften. An der Kasse bekamen wir einen Bollerwagen für die beiden Enkel, die sofort einstiegen. Volker, mein Schwiegersohn, zog die Bagage.

Vorbei an den Kamelen, die uns ständig kauend, verdutzt anstarrten ging es zu den Ziegen und Eseln, die es liebten von den Kindern gestreichelt zu werden. Jeder hatte an der Kasse noch eine Tüte mit Ziegenfutter bekommen und die Ziegen schleckten mit ihren rauen Zungen alles von den Händen ab. Die Kinder jauchzten und kicherten. „Das kitzelt so!", sagte Bob.

Weiter ging es. Wir erreichten den Berg der Paviane, die ihre roten Affenpopos in die Sonne hielten. Dana kicherte. Dann erreichten wir das Schmetterlingshaus und der Bollerwagen musste draußen warten. Als wir durch die Schleuse in das Tropenhaus kamen, beschlug erstmal meine Brille. „Hier hast Du ein Taschentuch, Mutter!", sagte Dana und reichte mir ein Tuch rüber. Ich war sehr dankbar und machte mir die Gläser wieder frei. Im Haus gab es eine Fülle von Schmetterlingen aller Farben und Muster. Alle Größen flatterten um uns herum. Einer setze sich bei meinem Mann Alfred auf die Nase. Damit er auch den Schmetterling sehen konnte, schielte er sehr stark und ich wollte schnell ein Foto für das Familienalbum machen.

„Warte Schmetterling, warte Schmetterling, bis ich das Foto habe - Mooooment noch!" Aber wusch, war er schon wieder davongeflattert. Er hatte nicht auf mich gehört. Als Entschädigung machte ich zügig das Bild von meinem schielenden Ehemann, der die Augen immer noch in verdrehter Richtung stehen hatte, obwohl kein Schmetterling mehr auf der Nase saß - Klick... fertig. Das hatte ich im Kasten. Dann kamen die Seehunde, die gerade gefüttert wurden. Einer war der stille Held, er stahl ständig Heringe aus dem Eimer, wenn der Tiertrainer ihm gerade den Rücken zudrehte. „Die haben es gut", beschwerte sich Bob, „die dürfen im Wasser rumplanschen!" Dafür werdet Ihr aber im Bollerwagen gezogen, das ist doch auch was!", erwiderte ich und Bob nickte heftig mit dem Kopf. „Ja, das ist toll!", bestätigte auch Larissa und stieg wieder in das Gefährt. Dann kamen sie! Die erklärten Lieblinge meiner Enkel! Die heimlichen Stars des Zoos! Meine Damen und Herren: die Erdmännchen-Sippe! Vater Erdmann lebte hier mit 3 Frauen und 5 Kindern. Wir setzten uns vor das Gehege und packten unsere Butterbrote aus. Ein herrlicher Platz für ein Picknick. Kauend beobachteten wir Familie Erdmann. Es war ein Gewusel und Gerenne, ein Gegrabe und Geschnüffel. Dann hielten die Erdmanns wieder inne und drehten die Nase in den Wind, um gleichzeitig Ausschau nach Feinden zu halten. Vater Erdmann war ein sehr fürsorglicher, immer auf der Hut und ständig bereit, die Sippe mit einem spitzen Schrei vor Feinden zu warnen. Diesmal war es aber ruhig - keine Greifvögel zu sehen. Die waren so kuschelig - Larissa hat sich direkt ein Erdmännchen-Baby zu Weihnachten gewünscht. „Aber Larissa", sagte ihre Mama, „das geht doch nicht! Schau, das sind doch keine Haustiere! Das sind Tiere, die ihre Freiheit brauchen und in der Wildnis leben." Larissa war einsichtig und hatte ihren Wunsch sofort beiseitegeschoben, als sie im Nebengehege die Elefanten entdeckte. „Hoffentlich wünscht sie sich nun kein Elefanten-Baby zu Weihnachten!", flüsterte ich meinem Ehemann zu, der nur grinste.

Wir sahen an diesem Tag noch viele weitere Tiere und kamen schließlich, vorbei an den rosa Flamingos, wieder zum Ausgang. Der Tag war so schön - den möchten wir so bald wie möglich mit der ganzen Familie wiederholen.

Der freche Werner

Als Kinder waren wir eine richtige Rasselbande! Wir gehörten zusammen **wie Pech und ... Schwefel!** Jeden Tag spielten wir mit allen Blagen aus der Nachbarschaft. Direkt nach der Schule durften wir vor die Türe, um mit den anderen zu spielen. Kam es dabei mal zum Streit, hielt ich aber immer zu meinem kleinen Bruder. **Wir waren schließlich ein Herz und ... eine Seele** – und jeder weiß ja: **Blut ist ja bekanntlich dicker ...als Wasser!**

Mein Bruder und ich, wir sahen uns übrigens sehr ähnlich: **Er war mir wie aus dem Gesicht ...geschnitten,** wir glichen uns **wie ein Ei ...dem anderen.** Wir rauften, spielten Fußball, ärgerten die Mädels, kletterten auf Bäume, machten eigentlich immer alles gemeinsam. Werner war immer so frech - man, hatte der eine Klappe! Der wollte immer die Gruppe anführen - dabei sagt man doch: **Reden ist Silber, ...Schweigen ist Gold!** Hätte er sich das doch nur mal zu Herzen genommen - aber er redete und redete, **trug halt sein Herz auf <u>...der Zunge!</u>**

Und der kam vielleicht auf Ideen! Ich weiß es noch genau wie heute: Einmal hatte er bei seinem Onkel auf dem Hof die Kartoffeln geklaut. Das waren ganz schöne Oschis! Ja, ja, man sagt ja auch: **Die dümmsten Bauern haben die <u>...dicksten Kartoffeln!</u>** Aber da hatte sein Onkel ihn erwischt und ihm die Ohren langgezogen. „Wie oft habe ich Dich schon ermahnt, Bengel", schrie sein Onkel lautstark, „**...und wer nicht hören will <u>...muss fühlen!</u>**" Damit zog er ihn am Ohr über den ganzen Hof... haha.

Was haben wir gelacht als Kinder! Das hatte nun der vorlaute Werner davon, denn **wer Wind sät, <u>...wird Sturm ernten!</u>** Werner jammerte und schrie nur: „Aber Onkel - man muss doch auch mal **die Kirche <u>...im Dorf lassen!</u>**" Dabei **zitterte er wie <u>...Espenlaub.</u>** „So, ich hoffe, Du hast nun Deine Lektion gelernt!"

Der Onkel ließ Werner frei, der sofort durch das Hoftor zu uns Kindern nach draußen lief.

Doch unser Werner war ein wahrer Satansbraten. Da **hatte der Onkel aber die Rechnung ohne den ...<u>Wirt gemacht.</u>** Werner griff in seine Hosentaschen und holte aus jeder Seite ein dickes Hühnerei raus! **Man darf alles machen, man darf sich nur nicht ...<u>erwischen lassen!</u>** Da hat der Kerl doch tatsächlich die Eier gestohlen! Dieser Halunke!

Die Enkelkinder kommen

Endlich hatten sich mal wieder die Enkelkinder angekündigt. Ich freute mich so sehr auf die kleinen Racker. Obwohl mein Mann ja immer sagte, die Bande wäre schlimmer **zu hüten, als ein Sack voller ...Flöhe!**

„Waaas, und heute willst Du auch noch mit den kleinen Satansbraten Plätzchen backen?? - Margarete, Du weißt doch: **Viele Köche ...verderben den Brei!** Dann mal viel Spaß... haha." Mein Mann grinste und ging schmunzelnd in den Flur, um unseren lieben Enkeln die Türe zu öffnen! Unsere Tochter stand inmitten ihrer Kinderschar und lächelte uns an! „Danke Mama, dass Du ein bisschen aufpasst. Was würde ich nur ohne Euch machen? Ich muss dringend zum Hautarzt. Ein bisschen Angst habe ich ja schon vor dem Termin!"

„Ach Tina - **mal` doch nicht immer direkt den Teufel ...an die Wand! Wenn Du meinst es geht nicht mehr, ...kommt von irgendwo ein Lichtlein her!** Wird schon alles gut gehen!" Die Kinder liefen direkt in meine Arme. „Haha", Tina lachte, „Mutter, **Dein Wort in Gottes ...Ohr!"**

Ich schnappte mir die Kinder und wir gingen in die Küche. Ich hatte bereits alle Backutensilien aus dem Schrank bereitgestellt: Mixer, Schüssel, Schneebesen, Backpapier. Gut, dass ich alles sofort griffbereit in den Schränken hatte. Da bin ich eine penible Hausfrau - **denn Ordnung ist das halbe ...Leben!**

Meine drei Lieblinge versammelten sich um die Rührschüssel und reichten mir alle Zutaten an. Soweit klappte alles gut, nur Florian wurde etwas übermütig und zack flog ein Ei komplett mit Schale in die Schüssel! „Aber Flo, doch nicht mit Schale! - Na, **Dir juckt wohl das ...Fell.** Was fällt Dir ein?" Florian entschuldigte sich kleinlaut: „T`schuldigung Omi - war ausversehen!!" – Ich musste laut auflachen, stupste meinen Kleinen mit meinen Mehlfingern auf die Nase und wir mussten alle loslachen. Das wurde noch

ein herrlicher Nachmittag und wir haben
so köstliche Plätzchen gebacken.

Der Sonntagsspaziergang

Jeden Sonntag zog es mich an die frische Luft. Seit mein Hermann mich verlassen hat, bin ich für jede Abwechslung dankbar. Nun gehe ich schon auf die 60 zu und ich denke immer, meine Zeit läuft so langsam ab!

Aber meine Freundin sagt ja immer: „Liesel, Liesel, **Unkraut ...vergeht nicht!"** und tätschelt meine Hand. Sie glaubt auch, für einen lieben Mann sei es nie zu spät: **„Man weiß nie, wo die Liebe ...hin fällt!"** Dann muss ich immer lachen und winke ab: „Aber Margarete, was soll ich mir denn noch einen alten Zausel ins Haus holen! Keiner macht meine Wohnung mehr dreckig, ich muss keine Männerunterhosen mehr waschen und meine beste Freundin wohnt bei mir um die Ecke! Was will ich denn noch mehr! Das reicht mir alles so! Ich brauche keinen Mann!"

„Liesel, ach Liesel - glaube mir, **es geschehen noch Zeichen und ...Wunder!**

Und ich sage Dir, wenn der Richtige kommt, **steht auch Dein Herz wieder in ...Flammen!"** Ja, ich wusste: Meine Freundin glüht für die Liebe: **Sie war wiedermal Feuer und ...Flamme!** Ich dagegen winkte dann immer nur ab: "Ne, Du, lass` mal Margarete, **das Kind ist bereits in den Brunnen ...gefallen** und ich wäre froh, wenn **dieser Kelch an mir ...vorbeigehen würde!"**

Ich streifte also so durch unseren schönen Park und sah in der Ferne einen großen Mann in einem dunklen Lodenmantel stehen. Eine anmutige Erscheinung! Leider konnte ich ihn nur von hinten sehen. Also lief ich ein paar Schritte auf ihn zu, um sein Gesicht zu sehen. Nicht, dass ich irgendwie Interesse hätte, nein, aber trotzdem **möchte man ja nicht die Katze ...im Sack kaufen!**

Er blickte mir direkt in die Augen! Der Mann ließ sein Brot fallen, das eigentlich für die Enten bestimmt war und ging schnurstracks auf mich zu! Ich dachte so bei mir: „Oh Liesel, nur keine Panik jetzt, schön ruhig bleiben - **es wird noch lange nicht so heiß gegessen, wie es ...gekocht wurde!"**

Der Mann hatte ein wunderschönes Gesicht mit gütigen Zügen. Er blieb vor mir stehen und sprach mich an: „Ich habe Sie hier noch nie gesehen! Kommen Sie öfter hier hin?"

Was soll ich sagen, seit einem Jahr wohnen wir nun zusammen und verbringen den Lebensabend gemeinsam.

Und ich habe immer geglaubt, den richtigen Mann zu finden **sei wie die Suche nach der Nadel ...im Heuhaufen!!!** Wie man sich da doch täuschen kann!!

Herr Friese, unser Bäcker

Seit 40 Jahren gehe ich nun immer zum selben Bäcker. Wenn man so viel Gutes gewöhnt ist, kommt man immer wieder. **Der Mensch ist eben ein Gewohnheits - ...Tier**. Herr Friese macht köstliche Torten, Teilchen und knusprige Brötchen. Wenn ich daran denke, da **läuft mir sofort das Wasser im ...Mund zusammen**. Da kann man richtig schlemmen. Jetzt müssen Sie sich mal vorstellen, unser lieber Herr Friese will doch zum Ersten seine Preise erhöhen. Jahrelang haben wir 31 Cent für das Brötchen gezahlt. Nun will der gute Mann 41 Cent einkassieren. Ich habe mich so aufgeregt! **Ich war völlig aus dem ...Häuschen.** Sofort stand ich am nächsten Tag in seinem Laden. „Herr Friese - so geht das doch nicht! Ich habe doch so eine kleine Rente und **lebe bereits von der Hand in den ...Mund.** Bevor ich **ihn ausgebe, muss ich jeden Cent zweimal ...umdrehen."**

„Aber gute Frau, nun regen Sie sich mal nicht so auf - **Sie müssen auch mal die**

Kirche im ...Dorf lassen. Ich muss doch auch sehen, wo ich bleibe. Alles wird teurer und ich muss auch meinen Einkauf und meine Betriebskosten decken. Dann habe ich noch beide Kinder zuhause. Beide wollen auch Bäcker werden. Der eine Sohn ist bereits zweimal durch die Prüfung gerasselt." Ja, ja, **es ist noch kein Meister vom ...Himmel gefallen.** „Denke daran, Martin, Du musst lernen, lernen, lernen - **von nichts ...kommt nichts** und **Du musst alles von der Pike auf ...lernen** - denn **Lehrjahre sind ja bekanntlich keine ...Herrenjahre.** Also streng Dich an, verflixter Bengel!"

„Also Herr Friese, wenn ich Sie nicht so gut leiden könnte, dann wäre ich schon bei einem anderen Bäcker!" Wir sahen uns an und mussten plötzlich beide laut loslachen. „Ich wünsche Ihrem Sohn alles Gute beim dritten Anlauf zur Prüfung! Machen Sie sich keine Sorgen, man sagt ja: **Aller guten Dinge ...sind drei!"**

Wo sind meine Schlüssel?

Als ich vom Einkaufen zurückkam, wollte ich meine Wohnungstüre aufschließen. Oh nein, dachte ich so bei mir, ich kann meine Schlüssel nicht finden. **Da brat mir doch einer ...einen Storch!** Ich klopfte auf beide Manteltaschen, sah in meiner Handtasche nach – aber konnte sie zum Verrecken nicht finden. **Verflixt und ...zugenäht** - warum muss mir das gerade heute passieren.

Meine Tochter wollte mir gleich meine Enkelin bringen. Sie hat ein Vorstellungs-gespräch. Vor zehn Jahren machte sie eine Bäckerlehre und ist heute ausgebildete Konditormeisterin. Ich sage ja immer: **Handwerk hat ...goldenen Boden!** An meinem Geburtstag macht sie mir eine Torte, da **läuft mir jetzt schon wieder das Wasser ...im Mund zusammen**, wenn ich daran denke.

Und jetzt kann ich die blöden Schlüssel nicht finden. **Die können sich doch nicht**

in Luft ...<u>aufgelöst haben.</u> Habe ich denn Tomaten auf den ...<u>Augen?</u>

Was mache ich denn jetzt? Ich denke in Ruhe nach, mein Vater sagte damals immer: **In der Ruhe liegt die ...<u>Kraft.</u>** Martha, wo warst Du denn überall? Hm, ich überlegte – ging in Gedanken nochmal den Tag durch.

Ich ging doch nur kurz zum Supermarkt, dann sofort wieder nach Hause. Wo sollte ich denn da die Schlüssel verloren haben?

Martha, jetzt konzentriere Dich mal... und dann kam plötzlich der Geistesblitz und **mir fiel es wie Schuppen ...<u>von den Augen:</u>** Ich war doch bei der Nachbarin und habe ihr die alten Illustrierten gebracht. Vielleicht hat sie meine Schlüssel gesehen.

Ich klingelte bei Frau Schmidt, die mir auch sofort die Türe aufdrückte. Frau Schmidt hatte keine Angehörigen - sie wohnte **mutterseelen ...<u>allein!</u>** Sie kam mir aufgeregt entgegengelaufen: „Frau Schneiders, gut, dass ich Sie treffe, **wenn**

man vom Teufel ...spricht! Ich suche Sie schon die ganz Zeit - Sie haben Ihre Schlüssel bei mir liegen lassen...!"

Boooh, da **fiel mir aber ein Stein vom ...Herzen.** Was bin ich froh! Ich umarmte meine Nachbarin und nahm glücklich meine Schlüssel entgegen.

Wenn man glaubt es geht nicht mehr, ...kommt von irgendwo ein Lichtlein her!

Die Straßenbahn

Mein Name ist Helene Sommer und ich bin 81 Jahre. Stattliches Alter, nicht wahr? Meine Freundin sagt immer: „Helene, jetzt bist Du so alt geworden! **Unkraut ...vergeht nicht!"** Seit 18 Jahren bin ich nun schon verwitwet und habe eine schöne Altbau-Wohnung im Herzen von Berlin. Heute ist es wieder soweit! Heute fahre ich wieder mit der S-Bahn zum Alexanderplatz zu meinem Hausarzt. Damals hatte mein Mann uns immer mit dem Auto gefahren. Nicht selten hat er dabei im Straßenverkehr **geflucht wie ein Kessel- ...flicker!**

Manchmal fährt mich mein Sohn zum Hausarzt, aber der ist auch berufstätig und kann nicht immer. Dabei muss der momentan um seine Arbeitsstelle zittern: Oje, **kleine Kinder, kleine Sorgen, große Kinder ...große Sorgen**.

So mache ich mich dann auf den Weg in die Innenstadt. Sie müssen wissen, den Fahrschein bekommt man nicht mehr beim Schaffner – nein, den muss man jetzt vor der Fahrt an einem Automaten ziehen! Ich versuche die Anleitung zu lesen. Verstehe aber leider nur **Böhmische ...Dörfer!** Ich kann nichts erkennen! Irgendwie **habe ich wohl Tomaten auf ...den Augen.** Oh nein, Helene, Du hast Deine Lesebrille vergessen. Verzweifelt versuche ich die Buchstaben auch ohne Brille zu lesen - doch erfolglos. Ich sehe nur einen verschwommenen Haufen.

Plötzlich spricht mich ein junges Mädchen an, die hatte **die Eierschalen noch hinter ...den Ohren!** Sie sah meiner Karin unheimlich ähnlich, die beiden hätten Zwillinge sein können! **Wirklich, wie aus dem Gesicht ...geschnitten!** „Kann ich Ihnen helfen?" – Was bin ich glücklich: dieses Mädel **schickt mir der ...Himmel,** denke ich so bei mir! „Ja, sehr gerne!", erwidere ich. „Ich muss zum Alexanderplatz!" – „Das haben wir gleich", sagt das Mädchen, **„das ist doch so klar wie ...Kloßbrühe!"** Sie drückt rasch einige Tasten und ich halte ihr 3,20 Euro hin. Schon rattert der Automat los und druckt meinen Fahrschein aus. Ich bedanke mich herzlich und steige in die Bahn ein, die soeben einfährt.

Mein 90. Geburtstag

So, am 16. Mai habe ich es geschafft. Da vollende ich meine 90 Jahre. Meine Freundin Sabine sagte letztens noch scherzhaft: „Ach Margot, jetzt bist Du so alt, **so alt wird ja keine ...Kuh!** Aber gut siehst du aus!" Meine Kinder haben einen Saal gemietet und 50 Leute eingeladen! Booooh... 50 Leute, wo sollen die alle hin? Wo sollen die alle sitzen? Aber man sagt ja: **Platz ist auch in der kleinsten ...Hütte!**

Mit dabei sind natürlich auch meine 10 Kinder, 18 Enkel und sogar schon 9 Urenkel! Soooo eine große Familie! Die wären heute alle nicht da, wenn ich damals nicht meinen Mann getroffen hätte und wir uns vor dem Trau-Altar nicht unser Ja-Wort gegeben hätten. Die Familie hält immer zusammen wie **Pech und ... Schwefel!** Nicht umsonst sagt man auch: **Blut ist dicker als ...Wasser!**

So schaue ich auf mein Leben zurück und bin sehr stolz darauf, was ich geschafft habe. Gearbeitet, nebenbei meine Kinder großgezogen, alle sind was geworden! Alles übrigens Handwerker: Bäcker, Fleischer, Zimmermann, Maurer. Alles dabei.

Sie können sich immer selbst versorgen, denn **Handwerk hat goldenen ...Boden!** Sie stehen alle mit ihren Familien auf eigenen Füßen und haben damals alles von mir mitbekommen, um selber große Familien zu gründen.

Gleich laufe ich mit dem Rollator in den Saal und alle klatschen und singen „**Hoch soll sie ...leben!**" Alle umarmen und drücken mich! Anschließend essen wir von der großen Geburtstagstorte - eine dicke **90** steht oben drauf. Ich habe zwar Diabetes, aber so ein kleines Stück Torte an meinem Ehrentag - da wird der Doktor nichts sagen! Schließlich sagt man doch: **Essen hält Leib und Seele ...zusammen!** Ich trinke sogar einen Kräuterlikör. Oder auch zwei... lach. **Denn auf einem Bein ...kann man nicht stehen!**

Wir machen viele Fotos und tauschen Erinnerungen aus, ich höre sehr viel zu, lache viel und proste in die Runde.

Langsam werde ich müde und ziehe mich zurück. Denn so schön es ist, alle zu treffen, so unheimlich anstrengend ist es auch für mich. Und so reicht mir eine gute Stunde bei all meinen Lieben, die dann bis in die Nacht auf mein Wohl weiterfeiern, tanzen, trinken und lachen! **Denn da wo gesungen wird, da lass dich nieder, nur böse Menschen ...haben keine Lieder!**

Urlaub in Italien

Was war das immer eine Aufregung, wenn wir zu fünft nach Italien fuhren. Die Eltern saßen vorne, die Kinder und Oma Elfriede saßen auf der Rückbank. Die **Knie** berührten den Vordersitz und es drückte etwas. Aber das machte nichts, denn alle waren in Urlaubsstimmung und freuten sich auf die unbeschwerte Zeit in Italien. Besonders Oma Elfriede freute sich: Denn ihre Kinder hatten normalerweise täglich alle **Hände** voll zu tun, hatten aber nun endlich Urlaub und Ihre Enkel hatten keine Schule mehr! Sie streichelte dem kleinen Tobias über den **Kopf**. So konnten sie den ganzen Tag am Meer liegen, zusammen Spiele spielen, sich unterhalten.

„Hach, so ein Urlaub ist schon was Schönes. Einfach die **Beine** baumeln lassen!", dachte sich Oma Elfriede. Sie fuhren eine Weile auf der Autobahn als Werner plötzlich einen alten Käfer Cabriolet überholte. Oma Elfriede traute ihren **Augen** nicht und zeigte mit ihrem **Finger** auf das Gefährt neben ihnen. „Genauso einen hatten wir damals auch!", rief sie verzückt und nickte mit dem **Kopf**. „Aber in hellblau... ein Traum!", fügte sie noch an und rieb sich den **Ellenbogen**, der ein bisschen schmerzte. Karin, ihre Tochter, meinte, das Auto würde doch nur so komische Geräusche machen und richtig knattern. Alle spitzten sodann die **Ohren**. „Aber Mama, das ist doch ein tolles Geräusch!", entfuhr es Tobias, der völlig begeistert war. „So ein Auto möchte ich später auch mal fahren!"

Es ging fröhlich weiter - durch die Schweiz Richtung Mailand. Im Gotthard-Tunnel verzog Oma Elfriede den **Mund** und fröstelte. Sie rieb sich die **Schultern**. 17 km geht es da durch den Berg und es war ihr einfach nicht geheuer. Aber die tolle Aussicht auf die Berge entschädigte sie.

Als sie Florenz erreichten, hielten sie an einer Raststätte. Werner konnte die **Augen** nicht mehr aufhalten – er war sehr müde und brauchte eine Pause. „Wie sehe ich denn aus?", fragte Margot, seine Ehefrau, besah sich im Klappspiegel und zupfte sich das **Haar** zurecht. Nicht nur, dass sie durch den Zugwind seit zuhause die **Nase** zu hatte - nein, sie sah auch ziemlich verwuschelt aus auf dem **Kopf**. Tobias rollte mit den **Augen** und musste lachen. Er stupste seine Schwester mit der **Schulter** an. Sie quickte sofort und streckte ihm die **Zunge** raus. Beide giggelten.

Oma Elfriede war glücklich! Sie nahm beide Enkel in den **Arm**, drückte sie **herz**lich und freute sich auf eine schöne Zeit.

Der neue Doktor

Letzte Woche war ich ganz schön aufgeregt. Das müssen sie sich mal vorstellen: Seit 30 Jahren bin ich nun Patientin bei Dr. Rappe, meinem Hausarzt. Und gestern habe ich durch Zufall von meiner Nachbarin erfahren, dass er seine Praxis geschlossen hat. Einfach so und ohne mich vorher zu informieren! OK, er hatte sicher sein Alter erreicht und die **Augen** und **Ohren** wollten schon lange nicht mehr so, wie er wollte. Sein **Haar** war schneeweiß, aber sehr gepflegt und er hatte in all den Jahren ein **Doppelkinn** bekommen. Aber er war doch so ein netter und kompetenter Arzt. Wer konnte ihn nur ersetzen?

„Nein, das kann doch nicht wahr sein! Wo soll ich nun hingehen mit meiner schmerzenden **Schulter**!?", rief ich fassungslos und warf meine **Stirn** in Falten. Damals, mit dem komplizierten Bruch an der **Schulter**, betreute mich Dr. Rappe so lange, wirklich aufopfernd, bis ich mich wieder ganz normal bewegen konnte.

Naja - nun musste ich wieder zur Nach-
untersuchung für die **Schulter** in die Praxis und rief bei seinem Nachfolger an. Ich
nahm den Hörer in die **Hand**, hielt ihn an
das **Ohr** und wählte mit dem **Zeigefinger**
die Telefonnummer.

„Praxis Frau Doktor Kohnen - Sie
sprechen mit Irene Schmied! Was kann ich
für Sie tun?" „*Frau* Doktor?", flüsterten
kaum hörbar meine **Lippen**. „Ja, *Frau*
Doktor Kohnen! Aber was haben Sie denn
auf dem **Herzen**?" „Oh Entschuldigung,
mir ist das Ganze so auf den **Magen**
geschlagen. Ich wusste nicht, dass eine
Frau die Praxis weiterführt. Ist denn die
Frau Doktor genauso gut wie der Herr
Doktor? Hat sie denn auch studiert?" Ich
rollte verlegen mit meinen **Augen**.

Frau Schmied, die Sprechstundenhilfe,
setzte sich auf ihren **Po** und musste laut
loslachen. Ihr runder **Bauch** wippte dabei
hoch und runter: „Natürlich hat sie studiert und sie weiß genau so viel wie ihr
Vorgänger! Sie sind doch Frau Wagner,
nicht wahr? Ich kenne Sie doch! Was kann

ich denn für Sie tun?" Frau Schmied nahm sich einen Stift in die **Hand** und wartete auf Antwort.

Jetzt musste ich ebenfalls laut losprusten, so dass mein **Kehlkopf** im Takt mitwippte! Mir war die Situation auf einmal so peinlich! Meine **Wangen** glühten und meine **Augen** wurden feucht. „Ha, ha, bitte geben Sie mir einen Termin für diese Woche, um meine **Schulter** zu kontrollieren. Und übrigens", fügte ich noch verschmitzt hinzu, „ich freue mich auf die neue Frau Doktor!"

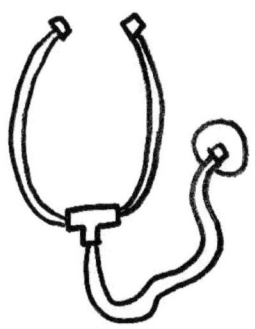

Egon läuft Marathon

Egon war mit seinen 50 Jahren nicht mehr der Jüngste. Trotzdem war er bereits seit seiner Jugend ein begeisterter Marathon-Läufer. Schon in der Schule war er sportlicher als die andern Jungs. Er hatte starke **Arme**, kräftige, große **Hände**, sehr breite **Schultern**. Der Lehrer wusste damals schon, dass aus ihm mal eine richtige Sportskanone werden wird. Im **Kopf** hatte er aber auch einiges - sein Zeugnis war überragend!

Ich kann mich noch genau an das Sportfest in der elften Klasse erinnern, wo Egon allen davongelaufen ist. Seine **Beine** trugen ihn durch das Stadion, als würde es kein Morgen geben. Die Mädels aus dem Heinrich-Heine-Gymnasium saßen mit hochrotem **Kopf** auf der Tribüne, tuschelten zusammen und zeigten mit dem **Zeigefinger** auf den schnellen Egon.

„Was für ein Typ", rief Margot begeistert aus und drückte sich mit den **Händen** von der Bank hoch, um besser sehen zu können. Ihre **Augen** kullerten verliebt von links nach rechts.

Egon lief und lief, seine **Oberschenkel** glühten und seine **Ellenbogen** flogen vor und zurück. Jeder dachte: Jeden Moment breitet er die **Arme** aus und hebt ab, so wie ein Düsenjet. Aber das passierte natürlich nie.

Jetzt im Alter lief er ruhiger und konstanter! Nicht mehr so wild, wie in seiner Jugendzeit. Er hatte seine **Beine** und **Arme** nun besser unter Kontrolle. Über 20 Mal lief er bereits den Berlin-Marathon mit und es war stets eine neue Herausforderung für ihn. Sein **Herz** pochte in der **Brust**. „Noch einen Kilometer", dachte Egon. „Da vorne kann ich schon das Ziel sehen!"

Der Schweiß rann, er strich mit seiner **Hand** über die nasse **Stirn.** Salzige, klebrige Tropfen liefen ihm ins **Auge** und er musste kurz blinzeln, besann sich dann aber schnell wieder und seine **Beine**

stürmten ins Ziel! Geschafft! Egon war
ziemlich kaputt, aber sehr glücklich!

Sport ab 60

Als ich vor drei Wochen mal die Tageszeitung durchblätterte, registrierten meine **Augen** sofort die kleine Anzeige:

„Die VHS bietet einen neuen Kursus an: Sport ab 60 für rüstige Rentner!" Ich kratzte mich am **Kopf**: „Rüstig? - Bin ich rüstig? Ja, ich glaube schon!" Mein Arzt liegt mir immer im **Ohr**: „Frau Rademacher, **Hand** aufs **Herz**. Sie müssen sich mehr bewegen! Sonst rosten Sie ein! Irgendwann wollen die **Beine** nicht mehr so richtig und für das **Herz** gibt es nichts Besseres als Bewegung! Geben Sie sich einen Ruck!" Gemächlich tippte mein **Zeigefinger** die Telefonnummer der Dame von der VHS. Ich hielt den Hörer ans **Ohr**. „Rademacher, guten Tag! Bin ich da richtig bei dem Sport-Kursus für rüstige Rentner ab 60?" – „Ja, da sind Sie richtig!", sagte die Dame am anderen Ende. „Das ist schön, ich möchte mich gerne anmelden! Sagen Sie, manchmal habe ich leichte Schmerzen in der **Schulter** und im **rechten Arm**. Sollte ich trotzdem

teilnehmen?" – „Aber unbedingt, Frau Rademacher. Auch Sie bekommen wir wieder fit! Kommen Sie nur zu uns!" – Ich freute mich wie ein Schneekönig. „Dann bis Donnerstag." Ich nahm einen Stift in die **Hand** und schrieb den Termin in den Kalender.

Am Donnerstag trafen wir uns alle in der Turnhalle der „Gemeinschaftsgrundschule Am Neuen Weg".

„Jetzt mal alle die **Hände** in die Luft und wieder runter!" Doris, unsere Trainerin, war sehr nett. Braune **Haare** und lustige runde **Augen**. Außerdem hatte sie eine spitze **Nase**. „Nochmal die **Arme** hoch und mit den **Händen** winken. Ja, so ist es toll!" „Jetzt mal alle mit dem **Kopf** nach links schauen und dann wieder nach rechts mit dem **Kopf**!" Das gefiel mir. Das war ein Sport, der mir auch Spaß machte.

Ratekarussell

1. Ich bin immer aus Metall
2. Ich habe einen Bart
3. Manchmal verliert man mich
4. Ich gucke durch das Schlüsselloch
5. Ich kann was zu und was aufschließen
Schlüssel

1. Ich habe Stacheln
2. Ich bringe Ordnung
3. Ich mache schön
4. Jede Frau liebt mich
5. Haare schreien nach mir
Bürste

1. Man legt etwas auf mich drauf
2. Danach muss man mich immer spülen
3. Man stellt mich auf den gedeckten Tisch
4. Jeder hat mich zuhause
5. Ich bin meistens weiß
6. Neben mir liegen Messer und Gabel
Teller

1. Ich bin sehr wertvoll
2. Man tauscht mich gegen Brot
3. Ich bestehe aus Papier
4. Man bedruckt mich mit bekannten Köpfen
5. Man gibt mich im Supermarkt ab
6. Ich komme aus dem Geldautomaten

Geld(schein)

1. Die Leute kaufen für mich eine Eintrittskarte
2. In meinem Raum habe ich 200 Stühle
3. Ganz vorne habe ich eine weiße Leinwand
4. Leute lachen und weinen, wenn sie mich besuchen
5. Bei mir kann man Popcorn kaufen
6. „Vom Winde verweht" lief tausend Mal in meinem Saal

Kino

1. Bei mir bekommst Du Zuckerwatte
2. Viele Kinder freuen sich auf mich
3. Bei mir riecht es so lecker nach gebrannten Mandeln
4. Ich habe bunte Lichter und viel Musik
5. Kinder lieben meine Karusselle

Kirmes

1. Ich mache etwas sehr klein
2. Das fertige Pulver ist braun und duftet so lecker
3. Man hält mich im Arm und kurbelt an mir rum
4. Mit dem Pulver stellt man ein köstliches, heißes Getränk her

Kaffeemühle

1. In mich kann man einsteigen
2. Ich habe vier Reifen
3. 50 Leute passen in meinen Bauch
4. Ein Mann steuert mich
5. Dem Mann muss ich Geld geben
6. Wenn ich aussteigen will, drücke ich auf einen Knopf

Bus

1. Ich bin sehr heiß
2. Ich bin groß und gelb
3. Ich kann dir die Haut verbrennen
4. Im Sommer sieht man mich jeden Tag
5. Bei Regen komme ich gar nicht

Sonne

1. Die Leute sprechen mit mir
2. Ich habe Zahlen auf meinem Bauch
3. Früher hatte ich ein Kabel
4. Manchmal klingt meine Stimme wie Dein Enkel, Deine Tochter oder eine Freundin
5. Ich verbinde Dich mit jedem Menschen, den Du sprechen willst!

Telefon

1. Früher haben die Mütter mich selber gemacht
2. Heute werde ich täglich gekauft
3. Du kannst mich in Scheiben schneiden
4. Ich dufte, wenn ich aus dem Ofen komme
5. Mit Hefe werde ich schön locker

Brot

1. Ich erzähle viele Geschichten
2. Ich habe einen Rücken
3. Mich kann man aufschlagen
4. Ich liege sehr gerne auf Deinem Nachttisch
5. Gutenberg hat mich damals erfunden
   Buch

1. Ich spende Schatten
2. Ich werde sehr alt und sehr groß
3. Ich halte mich in der Erde fest
4. Ich muss jeden Tag trinken, sonst verwelke ich
5. Vögel bauen ihre Nester zwischen meinen Armen
   Baum

1. Auf mir kann man sitzen
2. Ich habe eine Kette
3. Auf mir musst Du Dich abstrampeln
4. Ich habe vorne und hinten eine Lampe
5. Ich habe zwei Räder
   Fahrrad

1. Zuviel davon darf man nicht nehmen
2. Ich bin rot oder weiß
3. Schon die alten Römer haben mich genossen
4. Es gibt mich an der Mosel, am Rhein und auch an der Nahe
5. Ich werde aus Trauben hergestellt

Wein

1. Ich bin aus Metall
2. Ich bin kein Messer
3. Ich bin auch kein Löffel
4. Damit pikse ich die Kartoffeln vom Teller

Gabel

1. Ich bin ein Tier
2. Ich habe ein Fell
3. Ich lebe auf einem Bauernhof
4. Auf mir kann man reiten
5. Ich ziehe die Kutsche

Pferd

1. Ich bin kleiner als ein Kuchen
2. Ich bin knusprig
3. Manchmal bin ich in Schokolade eingehüllt
4. Meist werde ich vor Weihnachten gebacken
   Plätzchen

1. Ich habe ein braunes Fell
2. Man sagt, ich sei mit dem Menschen verwandt
3. Ich bin der Liebling im Zoo
4. Ich lause gerne meinen Bruder
5. Ich liebe Bananen über alles
   Affe

1. Ich habe viele Farben
2. Man bringt mich zum Geburtstag mit
3. Ich dufte lieblich, manchmal rieche ich nicht so lecker
4. Ich war mal ein Samenkorn
5. Man kann mich abpflücken
   Blume

1. Ich habe ein Dach und viele Fenster
2. Innen gibt es viele Bänke
3. Man besucht mich meist am Sonntag
4. Wer zu mir kommt, möchte mit Gott sprechen
Kirche

1. Man kann mich essen
2. Manchmal bin ich richtig scharf
3. Ich bin rot
4. Ich habe eine Wurzel
5. Ich bin ein kleines, rundes Gemüse
Radieschen

1. Man kann mich am Kiosk kaufen
2. Man kann mich aufklappen
3. Ich verbreite Neuigkeiten
4. Auf meinen Seiten gibt es ganz viele Buchstaben
Zeitung

1. Ich bin ganz weiß
2. Man kann mich trinken
3. Man kann mich im Supermarkt kaufen
4. Aus mir entstehen Butter und Käse
5. Ich komme aus der Kuh
Milch

1. Man kann mich ein- und ausschalten
2. Ohne Strom läuft bei mir gar nichts
3. Ich mache den ganzen Tag Musik
4. Manchmal wecke ich Dich auch
5. Aber zu allererst muss man einen Sender suchen
Radio

1. Ich bin sehr süß und goldig
2. Ich werde gerne zum Frühstück vernascht
3. Ich klebe überall, wenn man mich berührt
4. Man isst mich gerne auf einem Brötchen
5. Ich werde von Bienen gesammelt
Honig

1. Ich bin die Schönste
2. Es gibt mich in Gelb und Weiß
3. In Rot gibt es mich besonders für Verliebte
4. Mich kann man pflücken…
5. …aber hüte Dich vor meinen spitzen Dornen

   Rose

Limericks von Melda-Sabine Fischer

Der Organist einer Kirche zu Düren
ließ beim Orgeln sich gern maniküren.
Doch dies führt nicht zum Ziel,
es behindert sein Spiel,

durch Buhruf ließ man es ihn spüren.

∞

Ein Metzger im Schlachthof zu Bretten,
der rauchte zu viel Zigaretten,
beim Schlachten vom Schwein
fiel ´ne Kippe mit rein.

Das Mett isst kein Mensch, woll'n wir
wetten?

∞

Der Glöckner der Kirch' „Notre Dame"
blies gerne mal heimlich den Kamm.
Immer lautes Geläute
sein Gehör nicht erfreute.

Seine Ohren war'n taub wie ein
Schwamm

Liesbeth Meyer, ne Ärztin aus Siegen,
wollt' im Sommer die Obstfliegen kriegen,
die gerne gesessen
beim Obstkuchenessen

auf der Sahne - statt weiter zu fliegen.

∞

Otto Krause, ein Rentner aus Wien,
der siechte im Bett vor sich hin
bis ein sehr junges Mädel
küsst verliebt ihm den Schädel,

d'rauf schied er mit Wollust dahin.

∞

Anna Gütlich, 'ne Witwe aus Hagen,
sagt: „Ich kann's nicht mehr lange
ertragen,
dass der Hauswirt, Hein Blöd,
stets die Miete erhöht,

ohne mich, die Frau Gütlich, zu fragen!"

Ein Autobusfahrer aus Herne,
der aß Frikadellen so gerne.
Die verzehrt mit Genuss
neulich er mal im Bus.

Er knallte so vor die Laterne.

∞

Ein Weihnachtsmann wollte nach Essen,
doch hat er das Navi vergessen.
Er fliegt nach Gehör,
die Ortung war schwör,

er landet bei Frankfurt in Hessen.

∞

Die Ur-Oma Lise aus Weiden
meint glatt, sie würde ihn meiden,
den Biss in Makronen,
die hart wie Patronen.

Ihr Gebiss, es täte nur leiden.

Das Christkindlein schaut aus der
Krippe,
betrachtet mit Argwohn die Sippe,
die dort sich versammelt,
mit dem Weihrauch rumgammelt.

Nur Josef raucht still seine Kippe.

∞

Das Christkindlein stapft durch den
Schnee,
seine Füße, die tun ihm so weh.
"Hätt' ich doch die Schuhe genommen,
die ich gestern bei Deichmann
bekommen,

wär das Latschen im Schnee voll okay."

∞

Auf dem Weihnachtsmarkt, da soll es
sein,
schlürft der Vater den glühenden Wein.
Darauf kann er kaum steh'n
und geschweige denn geh'n.

Hicks,...einer geht immer noch rein.